Direction de la publication :
Isabelle Jeuge-Maynart et Ghislaine Stora
Direction éditoriale : **Aurélie Starckmann**
Édition : **Sylvie Cattaneo-Naves**
Conception graphique et mise en pages : **Nord Compo**
Couverture : **Nine Clot**
Fabrication : **Marlene Delbeken**

PAPIER À BASE DE FIBRES CERTIFIÉES

LAROUSSE s'engage pour l'environnement en réduisant l'empreinte carbone de ses livres. Celle de cet exemplaire est de : 250 g éq. CO_2
Rendez-vous sur www.larousse-durable.fr

Pour les Éditions Larousse, le principe est d'utiliser des papiers composés de fibres naturelles, renouvelables, recyclables et fabriquées à partir de bois issus de forêts qui adoptent un système d'aménagement durable. En outre, les Éditions Larousse attendent de leurs fournisseurs de papier qu'ils s'inscrivent dans une démarche de certification environnementale reconnue.

ISBN : 978-2-03-598402-9

Les 50 règles d'or pour vivre sans plastique

Juliette Legros

LAROUSSE

21 rue du Montparnasse 75283 Paris Cedex 06

Sommaire

Petite histoire du plastique

Le plastique a pris beaucoup de place dans nos vies, pourtant nous avons longtemps vécu sans lui.

La première matière plastique artificielle reconnue comme telle est le **Celluloïd** (que l'on retrouve encore dans les balles de ping-pong), inventé en 1870 par les frères Hyatt, deux Américains.

Puis, en 1907, Leo Baekeland, un chimiste belge naturalisé américain, découvre la **Bakélite** qui sera utilisée pendant longtemps dans les téléphones, les radios, des ventilateurs mais aussi des ustensiles de cuisine, des bijoux, des jouets, et bien d'autres objets. La **Cellophane** arrive un an plus tard en 1908.

De nouveaux types de plastiques se développent au fil des années : le **Plexiglas** en 1927, le **Formica**, créé dans les années 1930, mais qui attendra l'après-guerre pour envahir les cuisines, et enfin, les **silicones thermostables** et les **PET** ou **PETE** voient le jour en 1941.

Après la Seconde Guerre mondiale, l'élan scientifique et technologique se poursuit et de nouvelles matières sont synthétisées : les **nouveaux polyamides**, le **polycarbonate** (qui contient du bisphénol A), le **polystyrène**, le **PEHD** (polyéthylène haute densité), le **Kevlar**, etc.

Depuis les années 1980, les transports (automobiles, trains) et les produits électroménagers (petits ou grands, du sèche-cheveux au réfrigérateur) n'ont cessé de s'alléger en métal, ce dernier étant remplacé par des matériaux plastiques.

Aujourd'hui, des recherches sont en cours pour élaborer de nouveaux plastiques plus respectueux de l'environnement.

Du latin *plasticus*, issu du grec ancien *plastikos* (« relatif au modelage »), dérivé du verbe *plássein* (« mouler, former »), un plastique (ou une matière plastique) est un mélange contenant une matière de base (un polymère, soit un ensemble constitué de plusieurs macromolécules) susceptible d'être moulé, façonné, en général à chaud et sous pression, afin de conduire à un semi-produit ou à un objet.

Le plastique est partout !

Ce matériau a connu, et connaît encore un succès aussi impressionnant qu'inquiétant : 10 tonnes de plastiques sont produites chaque seconde dans le monde.

Depuis les années 1950, le plastique connaît un immense succès. À cette époque, qui correspond à l'avènement de la société de consommation, les industriels y ont recours pour produire massivement des objets à moindre coût. Le stylo à bille Bic « cristal » est à ce titre emblématique : lancé en 1950, il a été vendu, depuis, à plus de 100 milliards d'exemplaires et reste encore le stylo le plus acheté dans le monde.

SURTOUT POUR LES EMBALLAGES

Selon un rapport de l'ONU datant de 2018, en 65 ans, l'homme a fabriqué **9 milliards de tonnes** de plastique. On produit aujourd'hui plus de 10 tonnes de plastique chaque seconde. En France, l'emballage

est le premier débouché de ces produits, suivi par le bâtiment, l'électricité et les transports. Le reste est réparti dans les secteurs des textiles, des jouets, du matériel sanitaire et de l'énergie. Dans la **cuisine** : emballages plastique, contenants en tout genre (eau, lait, sodas, yaourts et desserts, mais aussi produits ménagers), ustensiles, cafetière et grille-pain... Dans nos **salles de bains** (flacons, brosse à dents, tubes), dans nos **voitures** (tableaux de bord, phares, feu arrière), dans nos **bureaux** (ordinateurs, claviers, souris, stylos, scotch), etc. On le trouve aussi dans nos **jardins** (mobilier d'extérieur), sous les éviers (canalisations), chez le médecin (matériel médical). Il est partout et en très grande quantité.

Les objets en plastique à usage unique

On peut séparer les objets en plastique à usage unique en deux catégories : ceux qui seront interdits à partir de 2021 et ceux dont la production pourra continuer.

À partir de 2021, les produits en plastique suivants seront interdits à la vente en Europe, mais sont tous très simplement remplaçables :

- les Coton-tige, à remplacer par des Oriculi ;
- les couverts, à troquer contre des couverts en métal ;
- les assiettes, à échanger pour des assiettes, bocaux ou Tupperware en verre ;
- les pailles, qui existeront encore en version inox ou… en paille ;
- les bâtonnets mélangeurs ou touillettes, échangeables par une cuillère ;
- les produits oxodégradables – contenant un additif qui les dégrade en microfragments de plastique

qui ne peuvent plus être collectés –, remplaçables par un *tote bag* ou autre sac en tissu ;
- les tiges pour ballon, qui subsisteront dans leur version en métal ;
- les contenants alimentaires et gobelets en polystyrène, pour lesquels existent des alternatives dans d'autres matériaux.

D'autres objets en plastique à usage unique continueront d'être vendus, mais leurs producteurs devront s'organiser pour gérer la fin de vie de leurs produits. Ils devront mettre en place une organisation dédiée pour que ceux-ci soient correctement recyclés.
- les contenants alimentaires ;
- les emballages souples de nourriture à emporter ;
- les bouteilles et contenants de boissons ;
- les tasses et les verres ;
- les cigarettes (filtres) ;
- les ballons de baudruche ;
- les sacs plastique légers ;
- les engins de pêche contenant du plastique.

La France s'est engagée à atteindre 100 % de plastiques recyclés en 2025 alors qu'aujourd'hui, comme en Europe, seul un quart de ces déchets sont recyclés.

Les différents types de plastiques

Il existe de nombreux types de plastiques mais grâce à un système de 7 codes, on peut identifier quel type de plastique nous utilisons.

Incassable, léger, isolant, étanche, souple ou dur, résistant aux déchirures ou à la corrosion, les **performances** du plastique sont telles que son champ d'utilisation s'est étendu à tous les secteurs industriels. Pour s'y retrouver, l'industrie a mis en place un système à **7 codes**.

Polyéthylène téréphtalate 1 PET ou PETE	C'est l'un des plastiques les plus répandus. Il est transparent, plutôt souple et léger. Il ne faut pas le faire chauffer. Exemples : bouteilles d'eau, de jus et de boissons gazeuses, bouteilles d'huile et de sauces, sacs de cuisson, barquettes alimentaires.
Polyéthylène haute densité 2 PEHD ou HDPE	Imperméable à l'eau, à certains produits chimiques, au gaz et aux arômes, il est aussi opaque et résistant aux chocs. Exemples : bouteilles d'eau grand format, bouteilles de lait, de shampooing, produits cosmétiques, poubelles, biberons.

Polychlorure de vinyle 3 PVC ou V	Le PVC peut être rigide ou souple, opaque ou transparent, antidérapant ou lisse. Le PVC rigide concerne majoritairement les tuyaux de canalisation ; les films de PVC plastifié servent de films adhésifs ou étirables ; le PVC souple sert par exemple à recouvrir certains objets comme les manches de petit outillage. Exemples : emballages de viande et fromages, chaises de jardin, fenêtres, canalisations.
Polyéthylène basse densité 4 PEBD ou LDPE	Le plastique LDPE est souple, résistant aux chocs, imperméable à l'eau. Exemples : sacs-poubelles, sacs réutilisables de supermarché, sacs de congélation, bâches.
Polypropylène 5 PP	Le polypropylène est translucide à opaque, dur ou semi-rigide et très résistant à l'abrasion. Il est utilisé essentiellement dans l'industrie automobile et dans l'industrie alimentaire. Il conditionne des aliments, particulièrement ceux qui sont gras. Exemples : barquettes, pots de yaourt, de margarine ou de crème ; vaisselle plastique, soupes instantanées, gourdes, récipients alimentaires réutilisables.
Polystyrène expansé 6 PS	Le polystyrène expansé ne correspond pas à cette matière blanche faite de petites boules qui sert à protéger le matériel hi-fi par exemple. Le PS comprend le polystyrène « cristal » – boîtiers CD, double décimètre – et le polystyrène « choc » : pots de yaourt, couverts en plastique, gobelets jetables.
Autre 7 AUTRE	Ce sont tous les autres plastiques. Exemples : CD, DVD, nylon, acrylique, lunettes de protection.

Les déchets plastique en chiffres

Notre colossale production de matière plastique génère une quantité de déchets tout aussi impressionnante et inquiétante.

• Le plastique est **le troisième matériau le plus produit au monde** après le ciment et l'acier avec pour l'année 2016 une production s'élevant à **335 millions de tonnes** (contre 225 millions de tonnes en 2004, soit une hausse de près de 50 % en 12 ans).
• Une production importante qui génère une quantité démesurée de **déchets : 6,3 milliards de tonnes** en 2015, dont seuls 9 % sont recyclés à l'échelle mondiale. Ainsi, 12 % sont incinérés et 79 % sont stockés en décharges ou rejetés dans la nature.
• La France recyclait, en 2016, **26,2 %** de ses déchets en plastique, soit beaucoup moins que la moyenne européenne située à 40,8 % (50,1 %

en Allemagne et 49,2 % aux Pays-Bas). Cependant, tous les plastiques ne sont pas recyclables et ceux qui le sont ne le sont pas à l'infini (contrairement au verre ou à l'inox).

Les « bioplastiques »

Le terme bioplastique désigne à la fois des plastiques biosourcés et des plastiques biodégradables. Un plastique biosourcé n'est pas forcément biodégradable et inversement.

L'intérêt des bioplastiques provient essentiellement du caractère **renouvelable** des ressources utilisées pour leur fabrication. Les matières plastiques dites « **biosourcées** » sont issues de la biomasse (végétaux et/ou déchets de végétaux : coton, maïs...). Les

matières **biodégradables**, d'origine biosourcée ou non, issues de ressources fossiles ou non, ont la capacité, elles, de se désagréger dans un environnement défini, sous l'action de bactéries, champignons ou enzymes. Le temps de décomposition est variable en fonction de la matière utilisée, et du milieu où il se trouve (température, humidité, taux de bactéries...).

Certains bioplastiques présentent les deux caractéristiques : biosourcés et biodégradables.

À SAVOIR

Les sacs dits « compostables » le sont mais seulement dans des conditions industrielles.

Les plastiques recyclables

Les chiffres à garder en tête et pour désigner les plastiques recyclables sont les suivants : 1, 2 et 5.

QUOI ?

PET (1), PEHD (2) et PP (5) sont les trois types de plastiques qui sont les plus recyclables, à commencer par le PET. Une bouteille de soda va être collectée puis décontaminée (le plastique est une éponge qui absorbe une partie de son contenant qu'il faut ôter). Cela nécessite de dégrader une partie du plastique.

Ainsi, dans le meilleur des cas, la bouteille ne pourra être recyclée en bouteille que quelques fois seulement. Elle pourra ensuite être à son tour recyclée en matière textile mais cette dernière se dégradera au fil du temps et les nanoparticules qui composent ses fibres seront libérées dans l'environnement.

COMMENT ?

Les PEHD et PP sont broyés et transformés en granulés. Ces granulés sont fondus et servent à la fabrication de tubes, de flacons non alimentaires et… de bacs de collecte des déchets ménagers. Quant aux PS, les polystyrènes, comme les pots de yaourts, ils sont recyclables depuis peu (leur recyclabilité était jugée jusque-là non viable économiquement). Mais attention, toutes les communes ne les recyclent pas aujourd'hui.

ATTENTION

Ce n'est pas parce que ces plastiques sont recyclables qu'ils sont collectés et recyclés ; seules certaines communes testent le recyclage de tous les plastiques. Pour adopter les bons gestes, renseignez-vous auprès de votre commune.

Le plastique dans les océans

Chaque minute, l'équivalent d'un camion-poubelle de plastique est déversé dans l'océan.

LE 7^{E} CONTINENT

L'histoire débute en 1997 avec la découverte du « **septième continent** », une gigantesque concentration de déchets plastique dans l'océan dans le Pacifique Nord. À l'époque, elle est grande comme trois fois la France, mais elle a doublé depuis. Ce septième continent s'est également multiplié : il existe aujourd'hui 5 zones d'accumulation océanique des plastiques qui se situent respectivement dans le Pacifique Nord, le Pacifique Sud, l'Atlantique Nord, l'Atlantique Sud et l'océan Indien.

PETITS ET DANGEREUX

Ces zones contiennent de nombreux objets de plastiques mais sont surtout composées de **micro-plastiques** – des microbilles qui mesurent de quelques nanomètres (un millionième de millimètre) à 5 mm –, le résultat de la fragmentation de ces produits, et ressemblent alors plus à des soupes de plastiques.

PLUS DE PLASTIQUE QUE DE POISSONS ?

Cette présence du plastique engendre une pollution dramatique. La première conséquence se traduit par la disparition de **100 000 mammifères marins** et de **1 million d'oiseaux**, morts par étranglement ou étouffement chaque année. La seconde conséquence est l'**ingestion** par la faune de morceaux ou de microbilles de plastique, une ingestion qui se répercute alors sur l'ensemble de la **chaîne alimentaire**.

La fondation Ellen MacArthur a lancé une alerte : à ce rythme, en 2050, il y aura autant de plastique que de poissons dans les océans.

On estime aujourd'hui qu'entre
8 et 12 millions de tonnes de plastique
finissent dans nos océans chaque année.

Le plastique dans l'eau, dans l'air et dans les sols

Les microplastiques s'immiscent partout grâce à leur petite taille. Résultat, nous ingérons du plastique comme nous l'inhalons. L'eau des océans n'est donc pas la seule à être polluée par le plastique : l'eau du robinet et l'eau en bouteille le sont également. C'est aussi le cas des sols.

• Pourquoi ? Le flux principal des **eaux usées** est traité dans des stations d'épuration qui génèrent des « boues d'épuration ». Ces dernières sont largement épandues sur les **sols agricoles**. Les boues d'épuration sont alors l'une des principales sources de plastique dans les sols cultivés (et parfois en forêt).

• L'**air** est également contaminé : beaucoup de fibres plastiques sont présentes dans l'atmosphère et elles sont dix fois plus présentes dans l'air intérieur que dans l'air extérieur. Ces dernières proviennent des textiles en fibres synthétiques présents dans nos vêtements et nos textiles d'intérieur.

Selon une étude réalisée en 2018 dans 9 pays, **93 %** de l'eau issue de plus de 250 échantillons d'**eau en bouteille** de 11 marques différentes contenaient des **microplastiques**, dans une quantité en moyenne deux fois plus élevée que dans l'eau du robinet.

Le plastique dans notre corps

Nous ingérons involontairement 5 g de plastique, l'équivalent d'une carte bleue, chaque semaine.

« Un être humain ingère en moyenne **5 g de plastique chaque semaine**, soit l'équivalent du poids d'une carte de crédit. » Voilà ce qu'ont conclu des chercheurs de l'université de Newcastle dans un rapport qui leur avait été commandé par le WWF.

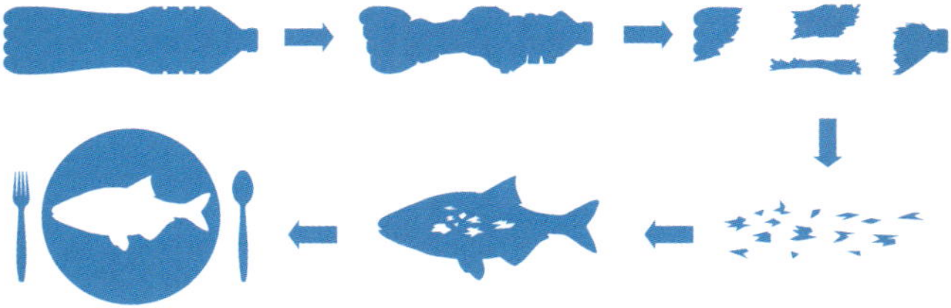

La pollution des océans est la première cause de cette ingestion, puisque les plastiques s'y fragmentent, se transforment en toutes petites **particules** et entrent dans notre alimentation *via* l'eau ou les animaux marins que nous consommons. L'air que nous respirons et les particules de plastique qui y flottent sont quant à eux la seconde cause principale.

Qu'il s'agisse d'ingestion ou d'inhalation, l'impact sur notre santé est encore peu connu aujourd'hui.

Les fibres plastiques pourraient être un facteur aggravant dans l'ensemble des agressions qui fragilisent l'organisme.

La durée de vie des objets en plastique

Tous les produits de toutes les matières se dégradent au fil du temps, mais les temps nécessaires à la dégradation des plastiques sont particulièrement longs.

Les matières plastiques sont parmi celles qui demandent **le plus de temps pour être dégradées**. Or ce sont elles que l'on retrouve en plus grande quantité dans la nature. Emballages, sacs, bouteilles, pailles, et bien d'autres objets terminent dans les océans. Ils subissent alors des dégradations **physiques** (vagues, températures, UV) et **biologiques** (oxydation). Cette biodégradation prend du temps :

- une serviette, un tampon hygiénique ou une couche jetable pour bébé demanderont de 400 à 450 ans ;
- un sac en plastique demandera 450 ans ;

- une bouteille en plastique exige de 100 à 1000 ans ;
- les filets de pêche se dégradent en 600 ans ;
- une cartouche d'encre demande de 400 à 1000 ans ;
- le polystyrène expansé (les fameuses billes blanches), 1000 ans.

COMMENT LES DÉCHETS PLASTIQUE ARRIVENT-ILS DANS LA MER ?

10 % des déchets présents dans l'océan proviendraient des activités maritimes (pécheurs, transporteurs de marchandises, pratiquants d'activités sportives…).
10 % des déchets seraient le fait des usagers du littoral qui y abandonnent leurs déchets.
80 % des déchets proviennent de l'intérieur des terres et sont acheminés en grande partie par **les cours d'eau**.

Les symboles pour bien trier

Pour bien trier et ne plus hésiter entre bac de tri et poubelle ordinaire, il est important de bien comprendre les consignes de tri qui se trouvent sur les emballages.

- Le **triman** doit obligatoirement apparaître sur tous les emballages et produits recyclables. Il signifie que le produit est recyclable et qu'il doit être trié.
- La **poubelle barrée** indique que le déchet doit être collecté par une filière spécifique et ne doit pas être jeté dans une poubelle classique.
- Le **ruban de Möbius** est depuis 1970 le symbole universel des matériaux recyclables. Il indique que le produit ou l'emballage est techniquement recyclable mais pas qu'il est recyclé, ni qu'il le sera.

À SAVOIR

Le point vert présent sur certains emballages est souvent mal interprété. Il indique uniquement que l'entreprise productrice s'est acquittée d'une redevance pour le tri. L'objet qui le porte n'est pas forcément recyclable.

Certains emballages qui ne portent pas le logo triman peuvent être mis dans le bac de recyclage afin d'être collectés et recyclés (comme des pots de yaourts, films et barquettes en plastique, etc.). Cela est dû à une expérimentation en cours. Il faudra attendre 2025 pour que les consignes de tri et les couleurs des poubelles soient harmonisées sur le territoire.

Pour connaître les consignes de tri dans votre ville, rendez-vous sur : consignedetri.fr

L'idée de la consigne

Si la consigne des bouteilles de plastique semblait *a priori* une idée louable, sa mise en pratique pose problème.

• Ce système de collecte offre aux consommateurs de pouvoir rapporter leurs bouteilles en plastique contre quelques centimes. Un système d'incitation *a priori* louable afin d'éviter leur incinération ou leur abandon sur la voie publique.

- Le terme « consigne » induit cependant le consommateur en erreur : alors qu'on imagine que ces bouteilles seront réutilisées après traitement, **elles sont en réalité destinées à être recyclées** et non réemployées. Ainsi, ce système légitime le recours à la bouteille en plastique (une matière qui n'est recyclable que peu de fois) offre un peu de *greenwashing* aux grands industriels de ce secteur, et ouvre la voie à une privatisation de la collecte et du recyclage au profit de grands groupes industriels.
- La consigne des bouteilles en plastique était une mesure phare du projet de loi sur l'économie circulaire – elle a été rejetée par le Sénat.

Zéro plastique… ou moins de plastique ?

Si certains ont réussi le pari du « zéro plastique », il est à la portée d'un plus grand nombre de se contenter de diminuer son usage.

• Les challenges ont des vertus mais lorsqu'ils sont trop difficiles, ils ont pour défaut de démotiver certains de ceux qui souhaiteraient se lancer. Un simple état des lieux de sa cuisine pourrait en refroidir plus d'un face à un challenge « zéro plastique ». L'exploit du zéro plastique ne doit pas cacher les immenses bienfaits d'une simple diminution du plastique. À la portée d'un plus grand nombre, simplement **diminuer sa consommation de plastique** peut être éminemment

bénéfique. L'important est d'agir quelle que soit la hauteur de l'effort.

• Voici quelques idées pour vous lancer, et participer à une diminution du plastique dans les poubelles comme dans la nature :

– éliminez le plus souvent possible les objets en **plastique à usage unique**. Gobelets et bouteilles en plastique peuvent aisément être remplacés par du verre, chez soi comme au bureau. *Idem* pour les pailles, touillettes et Coton-tige ;

– si vous avez pour habitude d'acheter du *take-away* à l'heure du déjeuner, on peut s'organiser pour amener à son travail son déjeuner quelques fois par semaine ;

– lorsque vous faites les **courses**, emportez des sacs en tissu, évitez les aliments suremballés, et tournez-vous vers les aliments vendus en vrac.

Par où commencer ?

Décider de vivre sans plastique – ou de vivre avec moins de plastique – est une entreprise de taille. Comment se lancer ?

FAIRE LE BILAN

Le premier pas est sans doute le plus délicat : **évaluez votre consommation** de plastique. Une opération qui peut être longue, d'autant qu'il serait dommage de s'arrêter à votre maison : on en consomme beaucoup aussi à l'extérieur. Ne serait-ce que passer son réfrigérateur au détecteur de plastique est une gageure. Cette étape est cependant très éclairante.

DES OBJECTIFS RÉALISTES

Une fois cette présence malfaisante identifiée, point de culpabilité (elle est inutile) et place au plan d'action (plus que bénéfique). **Agissez à votre rythme** et en fonction de vos contraintes. Si la cuisine est trop angoissante, pourquoi ne pas commencer par la salle de bains ? Vous pourrez alors décider d'être vigilant lors des nouveaux achats, de ne plus prendre de plats à emporter le midi ou encore de commencer par les objets jetables : les sacs, puis les bouteilles, puis... à chacun de choisir.

Le faux pas à éviter : décider de jeter tout le plastique présent chez soi. Se séparer par exemple de ses Tupperware sous prétexte qu'ils sont en plastique crée du déchet inutile et oblige à se procurer de nouveaux contenants. Jeter les 9/10e des produits de votre réfrigérateur ne soulagera pas non plus la planète. L'idée est plutôt d'**éliminer au fur et à mesure** : remplacez les objets qui ne fonctionnent plus, lorsque c'est utile, par un matériau plus durable et les aliments par leur équivalent sans emballage.

Comment convaincre son entourage

Lorsque l'on souhaite réduire sa consommation de plastique, on peut être confronté à un entourage récalcitrant. Nos convictions ne sont pas toujours partagées par nos proches...

Pour convaincre votre entourage des bienfaits d'une vie sans plastique, **expliquez** votre démarche, les raisons de ce changement personnel, et **tentez de convertir** votre entourage.

- Dans le premier cas, si on passait il y a encore quelques années pour un hurluberlu, il en va autrement aujourd'hui. Si les « sans plastiques » sont encore régulièrement gentiment moqués, leur démarche est désormais plus respectée.
- Dans le second cas, la démarche doit être subtile surtout dans le cadre familial. Imposer n'a aucun sens, la meilleure arme pour convaincre et tâcher de convertir son entourage et sa famille est d'expliquer (les chiffres sont parlants !) et de proposer des changements progressifs.

Le meilleur déchet est celui qu'on ne produit pas

Cette formule pleine de bon sens est en passe de devenir un aphorisme et on ne peut que s'en réjouir.

Cette phrase désormais célèbre concerne tous nos déchets et s'applique parfaitement au plastique. Elle se rapproche d'une autre maxime, « **consommer moins mais mieux** », qui au-delà des mots devient une tendance. Depuis quelque temps, les magasins notent une chute de fréquentation et une baisse des volumes dans les produits du quotidien comme l'alimentation, un pas vers la **déconsommation** qui se vérifie aussi dans le secteur textile. Nombreux sont ceux qui réalisent que notre société qui nous pousse à consommer toujours plus – et ça vaut pour les plastiques – manque de sens en plus de polluer notre planète : tout ce que nous achetons ou presque finira d'une manière ou d'une autre en déchets.

L'eau en bouteille

En 2016, le nombre de bouteilles en plastique vendues dans le monde s'élevait à 480 milliards (pour les boissons uniquement, les autres contenants en plastique, ménagers, par exemple, n'étant pas comptabilisés ici). Chaque minute dans le monde, 1 million de bouteilles en plastique sont vendues.

TRISTE PALMARÈS…

Les Français ne sont pas à la traîne. Malgré son prix (l'eau en bouteille est 100 fois plus chère que l'eau courante) et son impact environnemental, nous sommes dans le **top 5 des pays** qui consomment le plus de bouteilles d'eau en plastique, derrière le Mexique, la Thaïlande, l'Italie et l'Allemagne (notons que les habitants des deux premiers n'ont pas tous accès à l'eau potable).

Les Français raffolent de l'eau en bouteille : nous en consommons 9,3 milliards de litres chaque année.

OUI À L'EAU DU ROBINET !

Une communication massive a fait oublier que l'**eau du robinet**, qui subit un contrôle drastique et permanent, **est de très bonne qualité**, et le produit le plus vendu en grande surface est désormais l'eau en bouteille. Le problème ? Les bouteilles en plastique sont de loin **les déchets qui polluent le plus**, ceux que l'on retrouve le plus dans l'ensemble des eaux vives (océans, mers, fleuves, rivières) en Europe.

Les eaux gazeuses et les sodas

Les eaux gazeuses et les sodas sont des boissons très prisées, souvent vendus dans des bouteilles en plastique. Zoom sur une solution aussi économique qu'écologique.

En France, 35 % des boissons sans alcool consommées par les ménages sont des boissons fraîches gazeuses et eaux gazeuses : une famille moyenne consomme 350 bouteilles et canettes par an.

Une solution existe, plus écologique que les bouteilles et autres canettes. Son petit nom : **gazéificateur d'eau**. On peut ajouter à cette eau des parfums variés qui la feront ressembler comme deux gouttes d'eau aux sodas.

Ces machines, en plastique certes, ne demandent que peu de technologie. Il suffit de mettre de l'eau – du robinet ! – dans une bouteille et d'y ajouter du gaz *via* un cylindre de CO_2. La bouteille fournie est réutilisable un millier de fois et les cylindres sont échangés et réutilisés.

Les bouteilles et gobelets

Ils sont partout : chez nous, au bureau et même dans la rue. Pourtant deux accessoires peuvent nous permettre de nous en passer.

Au bureau, il n'est pas rare de trouver une bonbonne d'eau accompagnée de **gobelets**. On trouve aussi des **cafetières à capsules** dont on se sert pour boire son café dans un gobelet. À l'heure du déjeuner, il est fréquent d'aller chercher son repas et de revenir au bureau avec... une **bouteille d'eau** ou un **soda**. Si l'on a soif alors que l'on se trouve dans la rue, on achète une bouteille, quand on se rend au sport, bien souvent, on prend une bouteille, et chez soi, on a des packs d'eau.
Débarassez-vous de tout ce plastique à l'aide de deux objets d'une simplicité déconcertante : un **verre** en verre (et une tasse ou un mug) pour le bureau, et une **gourde** en verre ou en inox, nomade, pour vous accompagner toute la journée.

Les pailles

La paille en plastique est devenue l'emblème du gâchis et de la pollution évitable.

• Sur les millions de tonnes de déchets plastique qui se retrouvent dans les océans chaque année, la paille n'est pas la plus présente, loin de là.
• Elle est plutôt un **symbole** de la lutte environnementale, et ce à plusieurs égards : d'abord, parce qu'il s'agit d'un objet absolument superflu, et ensuite parce que les militants antipailles, plutôt que de chercher à obtenir une modification des lois et réglementations, ont interpellé directement les consommateurs afin qu'ils changent d'eux-mêmes leurs habitudes. Se passer de paille est un geste facile qui peut être un déclencheur pour d'autres gestes en faveur de l'écologie.

Pour les accros, des solutions de substitution existent : procurez-vous des pailles en inox, en carton, en paille et même en pâte !

Les mégots

Sur les 5 600 milliards de cigarettes fabriquées chaque année, 2/3 finissent dans la nature.

Les **filtres** à cigarettes constituent le cœur du problème, car ils se dégradent très lentement (1 à 2 ans en moyenne) et l'un de leurs composants, l'acétate de cellulose, est un plastique qui met **10 à 15 ans à se décomposer**.

Un seul mégot peut polluer jusqu'à 500 litres d'eau en raison des milliers de substances nocives, et parfois cancérigènes, que contiennent les cigarettes.

Une large partie des mégots jetés par terre finiront leur course folle dans les rivières puis les **océans**. Pour leur éviter ce destin toxique, il est impératif, *a minima*, de les jeter dans des **poubelles** afin qu'ils soient incinérés. Certaines initiatives qui visent à valoriser ces déchets voient le jour mais ce traitement reste marginal.

Les chewing-gums

Ces petites plaquettes ou boules de gomme jonchent nos sols... et pour longtemps.

Quiconque vit en ville sait combien les chewing-gums sont une plaie ! Il suffit de regarder le sol que nous foulons pour voir une constellation spectaculaire de ces gommes mâchées, qui sont le **deuxième déchet de nos villes** après les mégots de cigarette. Au-delà de l'aspect inesthétique de nos trottoirs, il faut savoir que les chewing-gums, fabriqués à partir de dérivés du pétrole, **se décomposent au bout**

de 5 ans. Pour les **nettoyer**, il faut employer les grands moyens : un jet d'eau chaude à très haute pression. **Cela coûte cher**, gaspille de l'énergie et de l'eau chaude. Ainsi, la ville de Paris préfère ne pas investir dans ce nettoyage et mettre une amende (s'élevant à 68 €) à ceux qui les jettent par terre.

À SAVOIR

Certains chewing-gums sont biodégradables : le plastique, utilisé pour donner sa consistance à la gomme, y est remplacé par un latex blanc naturel.

Les compotes, yaourts et gâteaux

Que ce soit au petit déjeuner, au goûter ou en dessert, ces trois aliments sont essentiels à notre bien-être mais sont également la cause de nombreux déchets si on les achète tout faits plutôt que d'opter pour le fait maison.

DÉMONSTRATION

Imaginons qu'un seul enfant consomme 2 yaourts, 1 part de gâteau et 1 compote par jour. On obtient alors, en un an, 730 pots de yaourts, 365 emballages individuels de gâteaux et 365 gourdes ou pots de compote, auxquels on peut ajouter les emballages des lots, soit entre 1 500 et 2 000 emballages qui tous sont plastifiés.

Pour y remédier, rien de plus simple !

- Les **compotes maison** sont d'une extrême simplicité, avec des fruits épluchés et un peu d'eau.

Côté contenant, et surtout si ces compotes se retrouvent dans des cartables maltraités, tournez-vous vers des **gourdes réutilisables**.

- Pour les yaourts, équipez-vous d'une **yaourtière**, qui vous permettra de réaliser en un tour de main des yaourts, aromatisés ou non, dans des **pots en verre**.
- Pour finir, préparez des **gâteaux maison** : au-delà du fait qu'ils n'ont besoin d'aucun additif, et que l'on sait combien de sucre et de matières grasses on y met, c'est un réel plaisir de les réaliser et de les emballer pour le goûter de vos enfants !

La vente en vrac

Pour garder une poubelle vierge de tous types d'emballages plastique, achetez des produits nus et donc sans emballage.

On a tous un jour regardé, ahuris, notre poubelle déborder **d'emballages en tout genre**, juste après avoir rangé les courses de la semaine et sans même avoir préparé un seul plat. Heureusement, les magasins proposant des **produits en vrac** sont de plus en plus nombreux, les marchés sont toujours présents et les artisans acceptent (de plus en plus souvent) que l'on vienne avec **nos propres contenants**. Même certaines grandes surfaces s'y mettent ! Il existe aussi depuis peu quelques supermarchés 100 % zéro déchet.

On peut désormais acheter tout ce que nous mangeons, ou presque, sans emballage. Les épices, les céréales, les graines, les légumineuses, les pâtes, mais aussi le café, le thé, l'huile, le vinaigre, les confiseries, les gâteaux apéritifs, etc. *Idem* côté viandes et poissons, charcuteries et fromages, même si c'est moins courant. Pour les fruits et

légumes, des sachets en papier ou en tissu font parfaitement l'affaire. On voit également de plus en plus de produits cosmétiques ou ménagers vendus en vrac et même les croquettes de nos animaux.

La **vente en vrac** est une belle réponse au gaspillage d'emballages et elle nécessite seulement de s'équiper de quelques **sacs**, **bocaux** et **bouteilles**.

Acheter en vrac, c'est moins cher ! Pour un produit équivalent sur le plan de la qualité, les céréales, graines, légumineuses, pâtes, etc. sont moins chères de 5 à 30 % que leurs équivalents emballés !

Viande, charcuterie, poisson et fromage

Ces denrées ont la particularité d'être vendues préemballées ou à la découpe. Dans l'un ou l'autre cas, on se retrouve avec des emballages.

• Celles que vous achetez en **barquette** utilisent **deux ou trois types de plastique différents**. La « barquette » est faite de polystyrène extrudé, les aliments qu'elle contient sont protégés par un film plastique étirable (du polypropylène – PP), et parfois on trouve en plus des « buvards » faits de pulpe de coton vierge ensachée dans un étui polyéthylène (PE)...

• Ceux que l'on achète chez les artisans donnent souvent l'impression d'être emballés plus « proprement ». Mais ils le sont de papiers dits « **ingraissables** » (ils résistent aux exsudats et à la graisse). Or ces « papiers », s'ils sont partiellement constitués de papier, contiennent aussi du plastique, d'où leur imperméabilité...

• **La solution :** trouvez des commerçants qui acceptent les clients avec leurs propres contenants.

Les fruits et légumes

Vous pouvez acheter facilement et dans de nombreux endroits ces alliés de notre bonne santé sans emballages en plastique.

• La majorité des fruits et des légumes sont vendus en vrac, mais trop souvent les sacs proposés sont en « bioplastique », un polymère créé à partir d'amidon de maïs qui contient du pétrole. Ils sont souvent annoncés 100 % biodégradables, et parfois même compostables, ce qui n'est le cas que dans un cadre industriel et non dans un composteur individuel.

On trouve au rayon fruits et légumes de vraies curiosités : des produits ensachés dans du plastique et parfois même prédécoupés dont on pourra se priver sans difficulté !

- Rappelons que tout produit est biodégradable mais que la durée de biodégradabilité est quant à elle très variable... Troquez-les, autant que possible, par des **sachets en papier kraft** ou par vos propres **sachets en tissu**... ou placez-les **dans un panier** quand vous allez au marché ou chez un primeur.

Stocker ses aliments

Une fois que vous avez acheté en vrac, il vous faudra stocker correctement les aliments chez vous.

Dans des bocaux, on peut tout mettre ou presque ! Féculents, céréales, légumineuses, sucres, farines, gâteaux (sucrés et salés), bonbons, fruits à coques...

Les **bocaux en verre** ont deux qualités. Tout d'abord, ils garantissent une bonne conservation,

puisqu'ils sont hermétiquement clos. Ensuite, ils sont transparents : vous saurez donc facilement ce qui vous reste et ce qui vous manque. Si vous manquez d'inspiration pour préparer le dîner, en un clin d'œil, des idées jailliront à la vision de ces aliments à votre disposition. Enfin, au moment de faire la liste des courses, vous saurez instantanément ce que l'on doit acheter.

Les bocaux peuvent également être très utiles pour les conserves maison, au naturel, à l'huile, au vinaigre ou au sel... Coulis de tomates, haricots verts, cornichons, choucroutes, compotes, confitures, tout se conserve et vous pourrez réutiliser vos bocaux.

Gardez **pots à confiture**, à cornichons, à moutarde. Ils serviront à conserver les denrées achetées mais aussi à stocker des restes au réfrigérateur. Il en va de même pour les bouteilles en verre, idéalement avec un couvercle ou un bouchon repositionnable, qui accueilleront soupes faites maison, huiles et vinaigres achetés en vrac, ou même les produits ménagers faits maison.

Bref, le bocal et ses cousins en verre ont tout bon !

Conserver les aliments

Pour conserver ses aliments, on adopte le verre ou la cire d'abeille.

• Ceux qui ne jettent pas les restes ont aussi la vilaine manie de les mettre au réfrigérateur dans un bol garni d'un film étirable en plastique ou dans une boîte en plastique, ou, lorsqu'ils sont destinés au congélateur, dans un sachet, toujours en plastique !
• S'il est louable de ne pas jeter ses restes ou de préparer ses repas à l'avance, il est regrettable que le plastique soit la première solution. Il existe d'autres possibilités : **bocaux** et **Tupperware en verre**, ou ***bee's wraps***. *Bee what?* Les *bee's wraps* sont des tissus imperméabilisés grâce à de la cire d'abeille, thermoformables et réutilisables : une parfaite alternative au film plastique pour conserver nos aliments au réfrigérateur.

Les glaçons

Vous consommez peut-être beaucoup de glaçons en été. Rassurez-vous, il existe des alternatives à leurs moules en plastique.

Avec ou sans couvercles, en petits cubes ou en forme de cœur, de fleur ou de licorne, les bacs à glaçons sont bien souvent proposés en silicone ou en plastique. Une autre façon courante de faire des glaçons est d'avoir recours à des sachets en plastique qui ne sont pas réutilisables.

Quelles sont les alternatives ? Il existe des bacs à glaçons **en métal**, comme l'étaient les premiers, apparus en 1932. Les bacs à glaçons **en inox** sont plus originaux. À l'intérieur des petites boules ou cubes en inox, un gel - non toxique - permet de rafraîchir toutes les boissons (à la manière des blocs de refroidissement pour glacière). Il existe également des modèles **en verre**.

L'option la plus naturelle : les glaçons en pierre ! Placés au congélateur, ils absorbent le froid et le restituent au contact du liquide sans diluer les boissons.

Les ustensiles de cuisine

Dans la cuisine, les ustensiles sont de plus en plus constitués de plastique, partiellement ou entièrement.

• Planche à découper, essoreuse à salade, passoire, écumoire, cuillère, louche, verre doseur, râpe, spatule, boîtes, moulin à poivre, mandoline, presse-agrumes, économes, presse-purée… tous existent en plastique, mais également en **bois** ou en **inox**.
• Le contact entre le plastique et les aliments sous l'effet de la chaleur est problématique, avec une possible migration de substances issues du plastique vers les aliments : raison de plus pour fuir le plastique !
• Côté poêles et casseroles, choisissez-les en **aluminium**, en **inox** ou en **fonte**, afin d'éviter les matériaux de revêtements antiadhésifs comme le Téflon.

Essuie-tout, mouchoirs, et serviettes en papier

À usage unique, emballés dans du plastique, ces morceaux de cellulose peuvent être facilement remplacés.

• Pour les **mouchoirs en papier**, deux solutions : achetez uniquement des boîtes de mouchoirs en carton et mettez-en plusieurs dans une petite pochette. Plus écologique encore : optez pour les mouchoirs en tissu. Il vous faudra dans ce cas deux pochettes : l'une pour les propres et l'autre pour les usagés (que l'on n'utilise qu'une seule fois pour éviter aux virus de faire des allers-retours).
• Les carrés d'**essuie-tout** servent à nettoyer, essuyer, absorber... ce que font déjà les éponges, les serviettes et les torchons. Remplacez-les par des chiffons, simples bouts de tissus que vous taillerez dans d'anciens draps ou d'anciennes serviettes. Évitez les chiffons en microfibres, un mélange

de polyester, de polyamide (nylon) et d'autres synthétiques… qui sont vendus sous plastique !

• Remplacez les **serviettes en papier** par de bonnes vieilles serviettes en tissu.

• Quant au **papier-toilette**, difficile de s'en passer (sauf, pour les plus motivés, à l'aide de carrés de serviettes réutilisables). Lors des achats, privilégiez les rouleaux dits « compacts ». Malheureusement, il est encore difficile de trouver aujourd'hui des conditionnements en carton…

Un Français consomme en moyenne 103 rouleaux de 60 g par an, soit plus de 6 kg chaque année !

La vente à emporter

Au déjeuner ou au dîner, on prend à emporter ou on se fait livrer... du plastique.

Lorsque l'on est au bureau, on n'a pas forcément de cantine ni de cuisine à disposition, ni forcément les moyens ou le temps d'aller au restaurant. La solution : le ***take-away***. On passe à la saladerie du coin acheter des sushis ou un menu sandwich. Et on se retrouve avec un contenant à salade ou à sushis **en matière composite**, un couvercle en plastique, des couverts en plastique, une bouteille en plastique, un gobelet... Le tout dans un sac en papier kraft, ou dans un petit sac en plastique dit « réutilisable », mais qui finit la plupart du temps dans la poubelle. Quand on se fait livrer à domicile, ce n'est guère mieux. La pizza livrée dans une boite en carton s'en sort correctement mais la sauce piquante est tout de même emballée... La seule solution ? Le **fait maison** !

Pique-niquer

Aller pique-niquer entre amis ou en famille est un plaisir d'été… souvent très plastifié !

Les **paquets de chips** et de **gâteaux** sont souvent rois, les serviettes en papier, les **assiettes** et **gobelets jetables**, les **couverts en plastique**… autant de déchets qui finissent à la poubelle et dont on aurait pu se passer. C'est l'occasion de se lancer dans les **salades en bocaux**. On peut même, sur une base de légumes commune, ajouter aux uns des dés de fromages, aux autres des légumineuses, des morceaux de jambon, etc. Plutôt sandwichs ? Préparez-les chez vous et enveloppez-les dans des serviettes ou des **emballages réutilisables** à base de cire d'abeille, les *bee's wraps* (à acheter ou à faire chez soi). Pour le dessert, fruits et gâteaux maison raviront petits et grands. Pour les couverts, emportez des **gourdes et verres en inox** ainsi que serviettes en tissu.

Organiser un goûter d'anniversaire

On peut organiser une jolie fête, décorer la maison et faire plaisir à une ribambelle d'enfants, tout en laissant le plastique à la porte.

• Pour éviter les guirlandes en plastique, créez en amont de la fête des guirlandes et autres **décorations en papier**. L'heureux élu sera enchanté de participer aux préparatifs, une façon pour lui de s'immerger dans la fête à venir.

- *Exit* les ballons gonflables, comme les assiettes, couverts et gobelets en plastique. Sortez la vaisselle habituelle, ou prévoyez des **assiettes et des gobelets en carton** (qui ne serviront qu'une fois, mais bon).
- Les **bonbons** ? Achetez-les en vrac ! Les **gâteaux** ? Faites-les maison ! Préparez aussi des **boissons maison** (jus ou sodas réalisés avec un gazéificateur).
- Et n'oubliez pas la petite pochette-surprise que l'on offre aux invités au moment du départ, emballée dans du papier ou une jolie chute de tissu.

En France, 1 million de ballons en latex s'envolent chaque année dans le ciel pour célébrer diverses causes et terminent tristement leur course dans la nature.

Un joyeux Noël

Sapins artificiels, guirlandes lumineuses, boules jetables... Le plastique grignote l'esprit de Noël.

MON BEAU SAPIN...

Pour le sapin, évitez la version en plastique, et pensez au **véritable sapin** – avec racines pour les propriétaires d'un jardin – à recycler pour les autres. Vous pouvez **le faire vous-même** : il existe mille et une idées pour créer soi-même un sapin original avec des matériaux recyclés !

... BIEN DÉCORÉ !

Idem pour les **décorations**. Guirlandes en papier, biscuits à accrocher dans l'arbre... Quant aux calendriers de l'avent emballés avec des chocolats et autres gadgets eux-mêmes emballés, on oublie ! Misez sur le **calendrier en tissu** à poches.

Les cadeaux immatériels

Optez pour les cadeaux sans plastique, voire sans matière !

On a l'habitude de fêter quelqu'un avec un objet... mais vous pouvez aussi **offrir des moments**. Ces moments peuvent prendre bien des formes et s'adapter à tous les porte-monnaie.

Des billets pour une pièce de théâtre, un concert, des places de cinéma, un pass (pour le théâtre, pour un musée ou l'opéra), un abonnement à une plate-forme de streaming (films, musique, livres audio), une invitation pour un restaurant, une dégustation, un cours de cuisine, de danse, d'initiation au yoga, une séance photo, des cours de langue, une visite dans un musée, un week-end dans un lieu insolite, un saut en parachute, un stage d'écriture, un atelier pour composer son parfum, le parrainage d'un animal, quelques soirées de baby-sitting, un don à une association caritative... Le champ des possibles est vaste.

Les emballages cadeaux

Chaque année, 20 000 tonnes de papier cadeau seraient achetées en France pour Noël, un papier qui n'est pas fait que de papier.

• Les emballages cadeaux sont en papier, mais possèdent souvent un film brillant fait à partir de plastique. Pour s'en passer, tournez-vous vers le **papier kraft** (qu'on peut customiser ou non) ou un **morceau de tissu** qui pourra être réutilisé par l'être choyé.
• Quant au bolduc qu'on a pris l'habitude de passer sur une lame de ciseaux pour des frisottis du plus bel effet : oubliez-le, et tournez-vous vers des adhésifs sans plastique ou un **bout de ficelle** ou un **ruban de tissu** qui pourra être réutilisé.

Le *furoshiki* est un carré de tissu dans lequel les Japonais emballent toutes sortes de choses pour les transporter ou les offrir. Un emballage cadeau, original, chic et zéro plastique !

Les cosmétiques

Les plastiques sont à l'extérieur mais aussi à l'intérieur de nos cosmétiques préférés. Voici quelques solutions pour prendre soin de vous sans plastique.

DANS LES CONTENANTS

Si l'on considère l'ensemble des produits que nous utilisons de la tête aux pieds, on arrive vite à 20, 30, 40 flacons et pots, souvent en plastique, qui finiront tous, un jour ou l'autre, vides ou pas, dans la poubelle. Les contenants ne sont pas les seuls à contenir du plastique.

DANS LES PRODUITS

Quand nous décidons de nous faire un gommage, ce sont, la plupart du temps, des particules de plastique qui exfolient notre peau ; un shampooing sera enrichi en phtalates ; la sensation si particulière de notre crème de jour peut provenir des plastiques qui servent de liant... Autant de microparticules de plastique qui après être passées sur notre corps rejoindront les eaux usées.

ON CHANGE TOUT !!

Première solution : acheter des produits cosmétiques naturels vendus **en vrac**. Du déodorant et du dentifrice solides, de l'argile en poudre, des savons (solides et liquides), des sels de bain, des shampooings (solides ou liquides), des après-shampooings.

Seconde solution : passer au *DIY* (fait maison). Le *DIY*, c'est l'assurance de savoir ce que l'on met dans les crèmes et soins que l'on fabrique.

Le maquillage

Fond de teint, rouge à lèvres, mascara, tous sont fournis bien emballés !

Comme pour les produits de soins ou lavants, la majorité des **produits de maquillage** sont commercialisés dans des **emballages plastique**.

• Mais de nouveaux acteurs se mettent au durable dans ce secteur. On trouve alors des produits pour se maquiller **sans emballage** ou presque ou fourni dans des boîtes rechargeables.

• Autre solution : les **recettes à réaliser chez soi**. Internet fourmille d'idées et de recettes pour réaliser votre propre fond de teint, fard à paupières, blush, baume à lèvres.

• Pour se démaquiller, on se tourne vers les démaquillants solides ou de simples huiles végétales vendues dans des flacons en verre.

Les carrés de coton et Coton-tige

Petits, indispensables mais remplaçables !

Qu'on les appelle lingettes, disques, carrés, ou cotons démaquillants, ils sont bien utiles, mais ils s'accumulent dans nos poubelles et sont vendus ensachés dans du plastique. Trois cotons par jour, c'est 1 000 par an. *Idem* pour les Coton-tige.

- La solution : les **carrés démaquillants lavables**. Ils existent en différentes matières : coton bio, bambou, eucalyptus, chanvre. Le chanvre ou le bambou présentent une matière très absorbante et sont alors plus adéquats pour les produits démaquillants épais. Enfin certains de ces carrés présentent deux faces différemment texturées qui permettent d'utiliser tous types de produits.
- Pour remplacer les Coton-tige en plastique, adoptez l'**Oriculi** – un cure-oreille – ou des bâtonnets en fibres naturelles.

La brosse à dents

Ce petit outil indispensable fait de plastique jusque-là se transforme et adopte des matériaux plus nobles.

- Si ce petit bout de plastique ne semble pas peser lourd dans le bas des déchets plastique, il faut savoir que le plastique des brosses à dents est qualifié de « complexe » et **difficilement recyclable** aujourd'hui.
- Et ces brosses à dents en plastique sont vendues dans des emballages… en plastique.
- Beaucoup de déchets donc, alors que l'on trouve aujourd'hui de plus en plus de brosses à dents « écologiques » : un **manche en bois ou en bambou** (voire un manche réutilisable) compostable, vendu dans un emballage minimal. Restent parfois les têtes et très souvent les poils en nylon (plastique) mais c'est un moindre mal pour notre hygiène.

Si on écoutait les recommandations
de notre dentiste, on consommerait
plus de 300 brosses à dents durant une vie
(en la changeant tous les 3 mois) !

Les protections hygiéniques

Tous les mois, c'est la même histoire : les règles. Impossible de se passer de protections hygiéniques, mais pas impossible de se passer de plastique !

Serviettes, protège-slips, tampons, pour le jour, pour la nuit, de la taille S à la taille XXL, le choix est vaste mais ces produits présentent trois inconvénients majeurs : ils sont à **usage unique**, ils contiennent du **plastique** (les applicateurs, mais les serviettes elles-mêmes en contiennent) et la plupart sont suremballés de plastique encore.

Là encore les **alternatives** existent. On trouve aujourd'hui des serviettes et tampons sans plastique emballés dans des boîtes en carton. Les serviettes périodiques **lavables** – comme les cotons démaquillants lavables, se trouvent dans certains commerces ou sur Internet.

La cup ou coupe menstruelle est une autre alternative : composée de silicone médical (du plastique donc), elle présente toutefois l'avantage d'être réutilisable.

Les couches et lingettes pour bébés

Les couches-culottes jetables sont apparues dans les années 1960… et les couches lavables ont alors disparu.

• Depuis quelques années, les **couches** comme les **lingettes lavables** et donc réutilisables sont revenues sur le devant de la scène. Une aubaine pour éviter le plastique des couches elles-mêmes, les sacs qui les enserrent et les lingettes emballées qui les accompagnent. Pas de panique, ces couches lavables ne sont plus de simples linges à nouer, mais des **objets malins et très pratiques**.

• On trouve en effet des TE1, des TE2 et des TE3, TE signifiant « **tout-en-un** ». Ainsi dans les **TE1**, toutes les parties de la couche sont liées entre elles, dans les **TE2**, l'insert (c'est-à-dire la partie absorbante) est séparé, et dans les **TE3**, il y a trois parties : celle imperméable en forme de culotte, celle qui retient l'insert et l'insert lui-même. Il existe en plus de ces couches lavables des lingettes ou feuilles de

protection biodégradables qui peuvent être mises en plus sur la partie qui touche la peau de bébé et qui, en cas de selles, sont repliées, puis jetées.
• Pour laver les fesses de bébé, un **gant de toilette** ou des **lingettes lavables** en coton bio ou en bambou !

DES COUCHES PAR MILLIERS

Un nouveau-né va avoir besoin de 6 à 7 couches par jour pour ses deux premiers mois, 4 à 5 de ses 2 à 24 mois, puis, 2 couches par jour de ses 24 à 36 mois. Au total, on arrive à un total de 4 440 couches !

Les jouets des enfants

Une hécatombe, pour tout le monde !

Vu les nombres de cadeaux que reçoivent les enfants à Noël, à leur anniversaire et tout au long de l'année, avec ou sans raison, c'est à se demander à qui ça fait le plus plaisir... aux enfants qui croulent sous de nouveaux jouets à chaque instant et qui ne savent plus où donner de la tête, ou aux parents qui veulent gâter leurs enfants peu importe le coût, y compris pour la planète... Là encore, il faut savoir raison garder.

• Commencez par **laisser le temps à vos bambins** de découvrir un jouet à la fois : offrez-lui-en dix en même temps, et il en oubliera la plupart. Choisissez un matériau qui abîmera moins la planète sur laquelle votre enfant devrait passer plus de temps que nous.

• Les **jouets en bois** ont le vent en poupe, et pour le bien-être de nos petits, on choisit ceux qui ont un revêtement (peintures et vernis) non toxique.

Pour les jouets « mous », le **caoutchouc naturel** ravira les plus petits (anneau de dentition, balles, hochets, etc.) !

• Pour les **jouets en tissu** (livres, tapis d'éveil, poupée...), misez de préférence sur des **textiles en coton bio** (label GOTS par exemple) ou certifiés Oeko-Tex 100. Pour le dire autrement, vous avez l'embarras du choix, même en excluant les objets en plastique (bien souvent « *made in China* »).

Les produits ménagers

Des contenants, des contenants et encore des contenants... On a des produits pour tout. On passe au *less is more* et au *DIY*.

STOP AU PLASTIQUE ET MOLLÉCULES POLLUANTES !

Ces produits représentent une **menace** pour **l'environnement** tant par leurs contenants (flacons et bouteilles en plastique) que par leurs **contenus** (lourds en produits chimiques polluants).

FAIRE SOI-MÊME

• Passez plutôt aux **produits nettoyants faits maison**. Avec à peine quelques produits non polluants, on peut réaliser tous les nettoyants de la maison dont on a besoin. Pratiques, économiques et écologiques, il n'y a plus à hésiter !

• D'abord, faites le tri ! Seuls **quelques produits suffisent** : de quoi faire la vaisselle, la lessive, nettoyer les surfaces de la maison, un liquide pour les toilettes et un autre pour les vitres, et le tour est joué, voilà pour le *less is more* (moins c'est plus). Le plus étonnant ? Avec seulement quatre produits – le **vinaigre blanc**, le **bicarbonate de soude**, le **savon de Marseille** et des **cristaux de soude** –, vous pourrez intégralement prendre soin de votre maison. Pour le *DIY*, Internet regorge de recettes simples à réaliser et très efficaces. Pour stocker ces produits, on utilise d'anciens contenants ou de simples bocaux et bouteilles en verre.

Des vêtements synthétiques

Qu'on se le dise, un vêtement non polluant n'existe pas. Mais un vêtement sans plastique, si !

• Le plastique se glisse partout, y compris dans nos vêtements : ceux en matière **synthétique**. Si les vêtements de sport ou ceux en laine polaire sont les plus gros pourvoyeurs de ces microfibres, ils ne sont pas seuls. Car ces fibres synthétiques – **polyester, polyamide, élasthanne, acrylique** – sont présentes dans de nombreux vêtements. Aujourd'hui, plus de la moitié des textiles produits chaque année contient du plastique.
• Or, lorsqu'ils sont **lavés, ces vêtements perdent de ces fibres** qui ne sont pas biodégradables et la plupart des filtres de machines à laver ne sont pas conçus pour piéger d'aussi petites **particules**. Et bien que les stations d'épuration des eaux usées capturent une part de ces fibres, elles ne piègent pas tout et la part restante finie dans les océans.

ET SI NOUS ACHETIONS MOINS DE VÊTEMENTS ?

La *fast fashion*, un des paroxysmes de notre société de consommation, nous pousse à acheter toujours plus, alors que nos placards débordent déjà. Si on ne peut ou ne veut pas résister à l'achat, on peut se tourner vers des **matières plus nobles** et moins polluantes : le coton biologique, le lin et le chanvre, le mohair ou l'alpaga (« *made in France* » si possible) ou encore vers des **fibres synthétiques recyclées** (même si ces dernières, en fin de vie, pollueront, il faut le savoir).

Entre 600 000 et 700 000 tonnes de vêtements arrivent chaque année en France, soit 10 kg par an et par habitant ! La production textile a doublé entre 2000 et 2014.

Les fournitures de bureau

On les accumule au fil des années, et les fournitures de bureau, aussi jetables qu'en plastique, pullulent inutilement.

Feutres, stylo, Criterium, surligneurs, ciseaux, cutters... nous en avons un pot plein au bureau et à la maison

• Première initiative : **mutualiser les objets** ! Cela vaut au bureau comme à la maison. A-t-on besoin de ciseaux, cutter, règle, tous au même moment ? Non. Alors autant les partager.

• Deuxième grand pas : **se passer de certaines fournitures** qui ne sont pas essentielles. **Remplacez le jetable par du durable** (les Criterium rechargeables marchent aussi bien que leurs équivalents en plastique jetable) et échangez les surligneurs contre de simples crayons de couleur.

Le jardin

Un environnement naturel mérite mieux (et plus durable) que du plastique.

Faites un petit tour dans votre jardin et vous tomberez sur des **pots** de fleurs et jardinières en plastique, un **arrosoir** et un **pulvérisateur** de la même matière, le **tuyau d'arrosage**, la **poubelle**, le **seau**, sans oublier la **table**, les **chaises**, les chaises longues...

Si tous ces objets d'extérieur existent autrement qu'en plastique, il est préférable de prendre garde aux qualités de résistance des autres matériaux face aux intempéries. Quelques-uns sont donc à privilégier.

- L'**aluminium** a l'avantage de résister à la rouille.
- En cas de rafales, tournez-vous vers l'**acier**, plus lourd et à la durée de vie plus longue, à condition qu'il soit traité pour être inoxydable.
- Enfin, le **bois massif** (local) a un charme naturel auquel il est difficile de résister.

Les animaux de compagnie

Pour les chiens et chats, nombreux sont les accessoires en plastique qui peuvent être revisités dans des matières plus écologiques.

LES ACCESSOIRES, LA NOURRITURE

Misez sur des **bols en inox**, une **niche en bois** ou un **arbre à chat fait maison** et tout en bois, un **bac à litière en émail** (et si c'est trop cher, on vise un bac à litière de seconde main, même en plastique) ? Côté alimentation, les croquettes et friandises sont disponibles dans certains magasins qui pratiquent le vrac.

LES JOUETS

Pour les jouets, procédez comme pour les enfants ! Notamment pour **les jouets en caoutchouc** que l'on choisit naturel. On trouve également des balles faites d'anciens pneus de vélo, de simples bouts de corde, un bout de bois ramassé dans la forêt et, bien sûr, des os à moelle récupérés auprès du boucher. Les animaux ne font pas que manger ou jouer...

Pour les chiens, optez pour les sachets à déjection en papier.

Crédits photographiques
Toutes les images © Shutterstock Premier

Imprimé en Espagne par Unigraf SL
Dépôt légal mars 2020
324576/01-11042344-février 2020